SELLERS
IMMOBILIER

NOTES PERSONNNELLES

Je décris mon projet immobilier

TABLE DES MATIÈRES

INTRODUCTION

Tout savoir puis mieux gérer

Premier achat *Investissement* *Gestion*

Crédits & prêts *Aides & régimes fiscaux* *,...*

Ce manuel / guide d'immobilier est conçu spécialement pour les jeunes acheteurs qui sont novices dans ce domaine et qui souhaitent se lancer dans leurs premiers achats ou locations immobilières. Il offre une présentation complète du processus d'achat ou de location immobilière, ainsi que des démarches à suivre pour éviter les pièges courants.

Ce livre vous guidera à travers toutes les étapes du processus d'achat ou de location, de la recherche du bien immobilier idéal jusqu'à la signature du contrat final. Il vous donnera également des conseils pratiques pour économiser de l'argent tout en obtenant la propriété de vos rêves. Que vous soyez un jeune acheteur ou un locataire, ce livre est un excellent guide pour tous ceux qui souhaitent mieux comprendre le marché immobilier et réussir leur premier achat ou location immobilière.

NOTRE AGENCE

Une passion plus qu'un métier

(Transactions) (Accompagnement) (Gestion locative)

(Conseils) (Faciliteur de projets travaux) (,...)

SELLERS IMMOBILIER a été crée en 2021 par trois amis d'enfance tous liés par une passion commune : le monde de l'immobilier. Dans l'agence, le client est au coeur de la relation. Un achat ou une vente est une étape importante d'une vie, c'est pourquoi nous souhaitons vous accompagner au mieux tout au long du processus.

Nous savons que chaque client est unique, c'est pourquoi nous proposons un service personnalisé pour répondre à vos attentes. Nous mettons à votre disposition notre expertise et notre savoir-faire pour vous guider dans vos projets immobiliers.

Nous attachons une grande importance à la transparence et à la qualité de nos services. Notre équipe est composée de professionnels passionnés par leur métier et par l'immobilier. Nous sommes constamment à la recherche des meilleures solutions pour nos clients et nous travaillons en étroite collaboration avec eux pour atteindre leurs objectifs.

MON PREMIER ACHAT

Tout ce qu'il faut savoir

- *Premier achat*
- *Investissement*
- *Le notaire*
- *Crédits & prêts*
- *Aides & régimes fiscaux*
- *,...*

L'achat de sa première propriété est une étape passionnante et significative dans la vie. Cependant, pour garantir une expérience positive, il est crucial de comprendre les tenants et aboutissants du processus immobilier. Voici un guide complet pour vous aider à naviguer avec succès dans le monde de l'achat immobilier.

1. Évaluation de vos besoins et budget

Avant de plonger dans la recherche de propriétés, évaluez soigneusement vos besoins et déterminez un budget réaliste. Considérez vos besoins actuels et futurs, que ce soit pour la taille de la propriété, l'emplacement, ou les commodités environnantes.

2. Pré-approbation hypothécaire

Obtenez une pré-approbation hypothécaire pour connaître votre capacité financière et renforcer votre position lors des négociations. Cela permet d'éviter les déceptions potentielles et donne une idée claire des propriétés accessibles.

Identifiez vos priorités en termes de taille, emplacement, et commodités. En parallèle, examinez attentivement votre situation financière, en tenant compte non seulement du coût d'achat de la propriété, mais aussi des dépenses futures telles que les taxes, l'entretien, et les frais de clôture.

Permet de connaître votre capacité d'emprunt et renforcer votre position d'acheteur. Cela vous permettra de réagir rapidement lorsqu'une opportunité se présente.

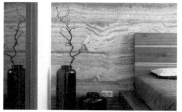

→ Prenez le temps de choisir des professionnels de confiance tels qu'un agent immobilier expérimenté, un prêteur, et un avocat spécialisé en droit immobilier. Leur expertise vous guidera efficacement tout au long du processus, garantissant une expérience d'achat réussie et sans tracas.

3. Recherche approfondie

Explorez différents quartiers, évaluez les écoles locales, les commodités et la sécurité. Utilisez des ressources en ligne, visitez les quartiers en personne et parlez aux résidents pour obtenir une perspective holistique.

4. Engagez des professionnels

Collaborez avec des professionnels de confiance tels que des agents immobiliers, des avocats et des inspecteurs. Leur expertise peut vous protéger de choix regrettables et faciliter toutes les démarches administratives.

Les frais de notaire en France sont calculés sur la base du prix d'achat du bien immobilier. Ils comprennent les droits d'enregistrement, les émoluments du notaire, et divers frais annexes. En règle générale, ils représentent environ 7-8% du prix d'acquisition.

5. Frais supplémentaires et coûts cachés

Anticipez les coûts supplémentaires tels que les frais de notaire, les taxes foncières et les frais d'entretien. Avoir une vision complète des coûts vous permet de budgéter de manière plus responsable.

6. Évitez les erreurs courantes

Ne pas se laisser influencer par les émotions: Restez objectif lors de la recherche pour éviter des décisions impulsives.

Ignorer l'inspection: Une inspection approfondie peut révéler des problèmes cachés et vous éviter des dépenses imprévues, pensez au DPE.

Négliger la revente potentielle: Considérez la valeur de revente future de la propriété, même si c'est votre première maison.

Pour réaliser un DPE, vous pouvez contacter un diagnostiqueur immobilier certifié. Cherchez des professionnels agréés par des organismes reconnus tels que DEKRA, Bureau Veritas, ou DPE Diag. Ils peuvent être contactés directement ou via des agences immobilières.

7. Soyez prêt à négocier

La négociation est une partie essentielle de l'achat immobilier. Soyez prêt à discuter du prix, des conditions de clôture et des réparations éventuelles après l'inspection.

8. Lisez attentivement tous les documents

Comprenez chaque document légal et financier lié à l'achat. N'hésitez pas à poser des questions et assurez-vous de comprendre tous les termes avant de signer quoi que ce soit.

9. Planifiez votre déménagement

Élaborez un plan de déménagement bien avant la clôture pour éviter le stress de dernière minute. Organisez les services publics, les entreprises de déménagement et informez vos proches de votre changement d'adresse.

10. Célébrez votre réussite

Une fois les clés en main, prenez le temps de célébrer cette étape majeure. Félicitez-vous pour cette réalisation et profitez de votre nouveau chez-vous. En suivant ces conseils et en restant informé tout au long du processus, votre premier achat immobilier peut être une expérience excitante et réussie.

Les conditions de clôture incluent la signature des documents légaux, le transfert des fonds, la remise des clés, et la réalisation de toutes les obligations contractuelles. Les conditions spécifiques peuvent varier, mais l'objectif est de conclure la transaction conformément aux termes convenus dans le contrat d'achat.

-Entreprises de déménagement
-Location de camions
-Entreprises de stockage
-Services de nettoyage

N'oubliez pas de demander des devis pour comparer les coûts et de réserver les services à l'avance pour assurer leur disponibilité à la date prévue de votre déménagement.

JE RECHERCHE...

Mes critères

(résidence principale) (investissement) (commerce) (   )

(une maison) (un appartement) (un local) (   )

(lumineux) (....... chambres) (un jardin) (   )

(   ) (   ) (   )

(   ) (   ) (   )

Mon budget maximum

(   )

Mes contacts

☐ ....

☐ ....

☐ ....

☐ ....

☐ ....

☐ ....

TO DO LIST

Mes objectifs

- ✓ *Faire évaluer mon budget*
- ☐ ....
- ☐ ....
- ☐ ....
- ☐ ....
- ☐ ....
- ☐ ....
- ☐ ....
- ☐ ....
- ☐ ....
- ☐ ....
- ☐ ....
- ☐ ....
- ☐ ....
- ☐ ....
- ☐ ....

MON PREMIER ACHAT

Fiche récapitulative

Évaluation de Vos Besoins et de Votre Budget
*Avant de chercher des propriétés, il est essentiel
d'évaluer vos besoins et de déterminer un budget réaliste.
Il est important de prendre en compte vos besoins actuels
et futurs, notamment la taille de la propriété,
l'emplacement et les commodités environnantes.*

Frais Supplémentaires et Coûts Cachés
*Il est important d'anticiper les frais supplémentaires
comme les frais de notaire, les taxes foncières
et les frais d'entretien. En ayant une vision claire et
complète de tous les coûts, vous pourrez mieux gérer
votre budget et planifier de manière responsable.*

Les conditions de clôture *incluent la signature des documents légaux,
le transfert des fonds, la remise des clés, et la réalisation de toutes les
obligations contractuelles. Les conditions spécifiques peuvent varier,
mais l'objectif est de conclure la transaction conformément
aux termes convenus dans le contrat d'achat.*

Pour conclure

*En mettant fin à ce chapitre sur le premier achat immobilier, retenons
l'importance de l'approche. Des recherches méticuleuses, l'assistance
d'experts, et une compréhension approfondie du processus sont les clés
d'une transition réussie vers son premier achat immobilier. Que cette
étape inaugure une nouvelle phase de votre vie ou une stratégie
d'investissement, l'engagement garantit une base solide.*

MON PREMIER INVESTISSEMENT

De la Stratégie à la Réussite

- Premier achat
- Investissement
- Le notaire et son rôle
- Crédits & prêts
- Aides & régimes fiscaux
- ,...

Investir dans l'immobilier peut être une avenue lucrative, mais il nécessite une planification minutieuse et une compréhension approfondie du marché. Pour vous guider dans votre premier investissement immobilier, suivez ce guide complet pour maximiser vos chances de réussite.

Certains avantages fiscaux, tels que les déductions d'intérêts hypothécaires et les amortissements, peuvent rendre l'investissement immobilier plus attrayant sur le long terme.

1. Définissez vos objectifs d'investissement

Avant de plonger dans le marché, clarifiez vos objectifs. Que ce soit pour la création de revenus passifs, la plus-value à long terme ou la diversification de votre portefeuille, avoir des objectifs clairs influencera votre stratégie.

2. Recherches approfondies sur le marché

Comprenez le marché immobilier local et ses tendances. Analysez les quartiers, la demande locative, et la croissance économique. La connaissance approfondie du marché est la clé d'un investissement réussi.

Étudiez les tendances locatives actuelles du quartier en consultant des sites immobiliers, et interagissez avec la communauté locale pour obtenir des perspectives sur la demande et les besoins des locataires potentiels avant d'investir.

Pour un investissement immobilier, les types de prêts les plus adaptés incluent généralement :

Prêt Hypothécaire Classique :
Convient pour l'achat de propriétés résidentielles ou commerciales.

Prêt à Taux Variable :
Peut être avantageux si les taux d'intérêt sont bas, mais comporte des risques de fluctuations.

Prêt à Taux Fixe :
Offre une stabilité des paiements mensuels avec un taux d'intérêt constant.

Prêt à Remboursement Anticipé : *Permet des remboursements anticipés sans pénalités, offrant une flexibilité financière.*

Prêt Investisseur :
Spécialement conçu pour les investisseurs immobiliers, souvent avec des conditions adaptées à cet usage.

3. Établissez un budget réaliste

Fixez un budget global en tenant compte de l'achat de la propriété, des coûts de transaction, des frais de gestion et des éventuelles rénovations. Avoir un budget réaliste vous aidera à éviter des problèmes financiers inattendus.

4. Choisissez le bon type de propriété

Que ce soit une maison unifamiliale, un appartement, ou un bien commercial, choisissez le type de propriété qui correspond à vos objectifs d'investissement. Chaque type d'investissement a ses propres avantages et défis.

5. Évitez les erreurs courantes

Négliger la diligence raisonnable : Recherchez minutieusement chaque propriété pour évaluer son état, son historique financier, et son potentiel de croissance.

Sous-estimer les coûts : Prévoyez des marges pour les coûts imprévus tels que les réparations urgentes et les périodes de vacance.

6. Établissez une stratégie de financement

Explorez vos options de financement et travaillez avec des professionnels du crédit immobilier. Choisissez le type de prêt qui correspond le mieux à votre situation financière et à votre stratégie d'investissement.

7. Créez une équipe d'experts

Collaborez avec des professionnels tels que des agents immobiliers, des avocats spécialisés, des inspecteurs et des gestionnaires de biens. Leurs conseils et leur expertise peuvent être cruciaux pour prendre des décisions éclairées.

Engager un avocat spécialisé en immobilier est une étape sage pour s'assurer que toutes les facettes légales d'une transaction immobilière sont correctement gérées, minimisant ainsi les risques juridiques potentiels.

8. Diversifiez votre portefeuille immobilier

Évitez de mettre tous vos œufs dans le même panier en diversifiant vos investissements. Cela peut réduire les risques et maximiser les opportunités de rendement.

9. S'informer sur les lois et règlements locaux

Les lois peuvent varier considérablement d'une région à l'autre. Assurez-vous de comprendre les règlements locaux, les obligations fiscales et les exigences en matière de location.

Le délai pour qu'un investissement locatif devienne rentable peut varier en fonction de plusieurs facteurs, notamment le coût initial, les loyers perçus, les dépenses d'exploitation, et les fluctuations du marché immobilier. En règle générale, on parle souvent de quelques années pour commencer à voir les rendements significatifs d'un investissement locatif.

10. Ayez une vision à long terme

L'immobilier est un investissement à long terme. Vous ne commencerez à faire du bénéfice qu'au bout d'un temps. Soyez patient, surveillez votre portefeuille et ajustez votre stratégie au fil du temps en fonction des évolutions du marché.

En gardant ces conseils à l'esprit et en continuant à vous informer sur le marché immobilier, votre premier investissement peut être le point de départ d'une carrière.

TO DO LIST

Mes objectifs

- [x] *Me renseigner sur les options de financement*
- [ ]
- [ ]
- [ ]
- [ ]
- [ ]
- [ ]
- [ ]
- [ ]
- [ ]
- [ ]
- [ ]
- [ ]
- [ ]
- [ ]
- [ ]

MON PREMIER INVESTISSEMENT

Fiche récapitulative

Créer une stratégie de financement efficace

Pour investir, il est essentiel de comprendre les options de financement disponibles. Pour ce faire, travaillez avec des experts en crédit immobilier pour sélectionner le type de prêt qui correspond le mieux à votre situation financière et à votre stratégie d'investissement.

Le temps nécessaire pour qu'un investissement locatif

soit rentable est déterminé par plusieurs facteurs, y compris le coût initial, les loyers perçus, les dépenses d'exploitation et les fluctuations du marché immobilier. En général, il faut quelques années pour commencer à voir des rendements significatifs d'un investissement locatif.

 Pour minimiser les risques juridiques *éventuels, il est judicieux de faire appel à un avocat spécialisé en droit immobilier pour s'assurer que toutes les aspects légaux d'une transaction immobilière sont correctement gérés.*

Pour conclure

L'immobilier offre un terrain fertile pour la croissance patrimoniale à long terme, et ce premier pas représente bien plus qu'une simple transaction financière. Que vous ayez investi dans une propriété résidentielle ou commerciale, ce premier acte marque le début d'une aventure où la prudence, la perspicacité et la gestion éclairée sont essentielles. Que vos objectifs soient axés sur la génération de revenus locatifs stables, l'appréciation du capital, ou la diversification de votre portefeuille, ce premier investissement locatif est une pierre angulaire.

LE NOTAIRE

Son rôle essentiel

(*Premier achat*) (*Investissement*) (**Le notaire et son rôle**)

(*Crédits & prêts*) (*Aides & régimes fiscaux*) (,...)

Lorsque l'on se lance dans l'aventure de l'achat de sa première propriété, il est primordial de comprendre le rôle central joué par le notaire dans le processus. Le notaire est bien plus qu'un simple témoin de la signature des documents. Il joue un rôle crucial dans la protection des droits des parties impliquées et garantit la légalité et la sécurité de la transaction immobilière.

Saviez-vous que le plus ancien notaire connu remonte à l'Égypte ancienne ?

Ces notaires, appelés "sesh," étaient responsables de la rédaction et de l'authentification de documents juridiques il y a plus de 4 000 ans. Ainsi, la profession de notaire remonte à des millénaires.

1. La préparation des documents

Le notaire est chargé de préparer les documents juridiques essentiels liés à la transaction immobilière. Cela comprend l'acte de vente, le contrat de prêt hypothécaire, les déclarations de vendeur et d'acheteur, et d'autres documents légaux. Ces documents sont soigneusement rédigés pour refléter les termes convenus entre les parties tout en respectant les lois en vigueur.

2. La vérification de la propriété

Avant la conclusion de la transaction, le notaire effectue des recherches approfondies pour s'assurer que le vendeur est le véritable propriétaire du bien immobilier et qu'il a le droit de le vendre. Cette étape garantit que l'acheteur acquiert un bien libre de tout litige de propriété.

3. La gestion des fonds

Le notaire joue également un rôle crucial dans la gestion des fonds liés à la transaction. Il veille à ce que l'argent soit transféré de manière sécurisée entre les parties et s'assure que toutes les sommes dues, telles que les taxes foncières et les frais juridiques, soient payées en totalité.

Un acte de vente est un document juridique officiel qui formalise la cession d'un bien immobilier d'un vendeur à un acheteur. Cet acte est rédigé et authentifié par un notaire.

Il contient des informations détaillées sur la transaction, y compris les noms et coordonnées des parties, la description précise du bien, le prix de vente, les conditions de la vente, et d'autres clauses juridiques pertinentes.

Une fois signé par toutes les parties, l'acte de vente est enregistré auprès des autorités compétentes, officialisant ainsi le transfert de propriété du vendeur à l'acheteur.

4. La signature des documents

Lors de la signature des documents de la transaction, le notaire est présent pour authentifier les signatures et s'assurer que toutes les parties comprennent pleinement les termes du contrat. Sa présence confère une valeur légale aux accords conclus.

5. L'enregistrement des documents

Après la signature des documents, le notaire procède à l'enregistrement de la transaction auprès des autorités compétentes. Cela assure que le changement de propriété est légalement reconnu et que l'acheteur est officiellement enregistré en tant que nouveau propriétaire.

6. La protection des parties

Le notaire agit en tant que tiers impartial, garantissant que les intérêts des deux parties sont pris en compte. En conseillant les acheteurs et les vendeurs sur les aspects juridiques de la transaction, le notaire veille à ce que chacun comprenne les implications de l'accord.

7. Les frais notariés

Les honoraires du notaire sont généralement à la charge de l'acheteur. Ces frais couvrent le travail effectué par le notaire, y compris la préparation des documents, la vérification des antécédents de propriété, la gestion des fonds, et bien plus encore. Il est crucial pour les acheteurs de comprendre ces frais dès le départ.

Les frais de notaire en France sont calculés sur la base du prix d'achat du bien immobilier. Ils se décomposent en plusieurs éléments :

Droits de Mutation (ou droits d'enregistrement) : *Ces droits représentent la majeure partie des frais de notaire. Ils sont calculés en pourcentage du prix d'achat et varient selon la localisation du bien. Ces droits sont versés à l'État.*

Émoluments du Notaire : *Les émoluments sont les honoraires du notaire pour ses services. Ils sont également calculés en pourcentage du prix d'achat, avec des taux dégressifs. Ces frais sont destinés au notaire.*

Débours : *Ce sont les frais que le notaire a avancés pour le compte de l'acheteur (par exemple, les frais d'obtention des documents administratifs). Ces frais sont remboursés au notaire par l'acheteur.*

TVA : *La TVA s'applique aux émoluments du notaire. Elle est calculée en pourcentage du montant total des émoluments et est reversée à l'État.*

TO DO LIST

Mes objectifs

- [x] Contacter le notaire de ma ville
- [ ]
- [ ]
- [ ]
- [ ]
- [ ]
- [ ]
- [ ]
- [ ]
- [ ]
- [ ]
- [ ]
- [ ]
- [ ]
- [ ]
- [ ]
- [ ]

LE NOTAIRE

fiche récapitulative

La formule générale pour calculer les frais de notaire est la suivante :
Droits de mutation + émoluments du notaire + débours + TVA

Les émoluments du notaire *sont les honoraires que le notaire perçoit pour ses services dans le cadre d'une transaction immobilière ou d'autres actes notariés. Ces frais rémunèrent le travail du notaire et sont déterminés par un barème réglementé fixé par les pouvoirs publics.*

Les émoluments du notaire sont calculés en pourcentage du montant de la transaction. Cependant, ces pourcentages sont dégressifs, ce qui signifie que le taux appliqué diminue à mesure que le montant de la transaction augmente. Le barème des émoluments peut varier en fonction de la nature de l'acte notarié.

---

*Il est essentiel de noter que les taux appliqués peuvent varier en fonction de la valeur du bien et de sa localisation. Les frais de notaire représentent généralement **environ 7-8% du prix d'achat** d'un bien immobilier, mais cela peut varier. Un notaire peut fournir une estimation précise en fonction de votre transaction spécifique.*

Pour conclure

La présence de ce professionnel du droit est essentielle pour garantir la légalité, la sécurité et la transparence de l'ensemble du processus. Le notaire ne se contente pas d'authentifier des actes, mais il devient le garant de l'équité entre les parties, veillant à ce que les intérêts de chacun soient protégés. Sa mission de conseil juridique, de vérification des documents, et de gestion des fonds offre une assurance aux parties impliquées. Le notaire, en tant que tiers impartial, assure l'équilibre dans les négociations et garantit la conformité aux exigences légales.

OBTENIR UN CRÉDIT / PRÊT

Nos conseils professionnels

- (Premier achat)
- (Investissement)
- (Le notaire et son rôle)
- (Crédits & prêts)
- (Aides & régimes fiscaux)
- (,...)

Le premier achat immobilier est une étape majeure dans la vie, et pour la plupart des acheteurs, cela implique de recourir à un prêt immobilier. Comprendre le processus de prêt immobilier est essentiel pour naviguer avec succès dans cette étape cruciale. Dans cet article, nous examinerons tout ce qu'il faut savoir, de leur fonctionnement à la manière de les obtenir lors d'une transaction immobilière, notamment pour les nouveaux acheteurs.

Un crédit immobilier est un prêt octroyé par une institution, telle qu'une banque, en vue de financer un bien immobilier.
Il s'agit d'une forme de prêt à long terme conçu pour les transactions immobilières.

L'emprunteur rembourse le prêt par des versements mensuels sur une période étendue, sur plusieurs années, avec des intérêts.

Pour calculer votre capacité d'emprunt, suivez ces étapes :

1. Évaluation des Revenus : *Rassemblez vos revenus mensuels nets. Cela inclut votre salaire, les revenus complémentaires, les allocations, etc.*

2. Calcul des Charges Fixes : *Identifiez vos charges mensuelles fixes, telles que le loyer, les factures, les prêts en cours, etc.*

3. Calcul du Reste à Vivre : *Soustrayez vos charges fixes de vos revenus pour obtenir votre reste à vivre, c'est-à-dire la somme dont vous disposez pour les dépenses courantes et l'épargne.*

4. Application des Taux d'Endettement : *Les banques utilisent généralement des taux d'endettement pour évaluer la capacité d'emprunt.*

Le taux d'endettement maximal est souvent autour de 33-40% des revenus. Multipliez votre revenu net par ce pourcentage pour obtenir une estimation de votre capacité d'emprunt mensuelle.

1. Comprendre les prêts immobiliers

Un prêt immobilier est un emprunt à long terme destiné à financer l'achat d'un bien immobilier. Les prêts immobiliers peuvent varier en termes de taux d'intérêt, de durée, et de conditions, et il est essentiel de comprendre ces éléments clés avant de s'engager.

2. Évaluer sa capacité d'emprunt

Avant de commencer la recherche d'une propriété, il est crucial de déterminer sa capacité financière d'emprunt. Les prêteurs évalueront votre capacité à rembourser le prêt en fonction de facteurs tels que vos revenus, vos dettes existantes et votre historique de crédit. Utiliser des calculateurs en ligne peut vous donner une estimation de votre capacité d'emprunt.

3. Économiser pour l'apport personnel

La plupart des prêteurs exigent un apport personnel, c'est-à-dire une somme d'argent que l'acheteur doit investir dans l'achat. L'apport personnel réduit le montant emprunté et peut également influencer les taux d'intérêt proposés par les prêteurs.

4. Choisir le bon type de prêt

Il existe différents types de prêts immobiliers, tels que les prêts à taux fixe et les prêts à taux variable. Choisir le bon type de prêt dépend de votre situation financière et de vos préférences. Les prêts à taux fixe offrent une stabilité des paiements, tandis que les prêts à taux variable peuvent être plus avantageux à court terme.

5. Comparer les offres de prêt

Il est essentiel de faire des comparaisons entre les différentes offres de prêt disponibles. Les taux d'intérêt, les frais de clôture, et d'autres conditions peuvent varier d'un prêteur à l'autre. Faire jouer la concurrence peut vous aider à obtenir les meilleures conditions pour votre prêt.

6. Préparer une demande de prêt solide

Une demande de prêt solide augmente vos chances d'approbation. Assurez-vous d'avoir tous les documents nécessaires, tels que les relevés bancaires, les fiches de paie, et les informations sur l'emploi, prêts à être présentés lors de la demande de prêt.

(1)

Conditions d'éligibilité
pour bénéficier des APL :

1. Ressources :
*Vos revenus et ceux
de votre foyer ne doivent
pas dépasser un certain
plafond déterminé
en fonction de la
composition du foyer,
de la localisation
géographique et
du type de logement.*

2. Situation Familiale :
*Les APL sont accordées
en tenant compte de
votre foyer (nombre de
personnes à charge,
situation familiale, etc.).*

3. Lieu de Résidence :
*Le logement doit être
votre résidence principale
et situé en France.*

4. Contrat de Location :
*Si vous êtes locataire,
vous devez avoir signé
un contrat de location
conforme à la législation
en vigueur.*

5. Nationalité : *Les
ressortissants étrangers
doivent parfois satisfaire
à des conditions de
résidence en France.*

Il est recommandé de
consulter les informations
fournies par la CAF ou un
professionnel des services
sociaux pour obtenir des
détails actualisés sur les
conditions d'éligibilité.

7. S'informer sur les aides gouvernementales

Dans de nombreux pays, il existe des programmes gouvernementaux qui offrent des avantages aux acheteurs d'une première maison, tels que certaines réductions d'impôts ou des subventions. En France, il existe plusieurs aides gouvernementales qui sont mises en place pour faciliter l'accession à la propriété. Voici quelques-unes des principales aides disponibles :

Prêt à taux zéro : Le PTZ est un prêt sans intérêt destiné à financer une partie de l'achat d'une résidence principale. Les conditions d'éligibilité dépendent de la localisation du bien, des ressources de l'emprunteur et de la composition du foyer. Son montant varie en fonction de ces critères.

L'aide personnalisée au logement : L'APL est une aide financière accordée sous conditions de ressources pour alléger le coût du loyer ou du remboursement d'un prêt immobilier. Elle peut être versée directement au propriétaire ou à l'emprunteur.

Prêt action logement : Anciennement connu sous le nom de 1% Logement, le Prêt Action Logement est un prêt à taux préférentiel accordé par les entreprises de plus de 10 salariés pour aider leurs employés à financer l'achat de leur résidence principale.

Exonération de la taxe foncière : Certains dispositifs d'incitation à l'accession à la propriété offrent une exonération partielle ou totale de la taxe foncière pendant une période déterminée, notamment dans le cadre de la primo-accession.

Aide à la complémentaire santé : L'ACS peut être accordée aux bénéficiaires pour les aider à financer leur complémentaire santé. Dans le cas de l'accession à la propriété, elle peut contribuer à couvrir les frais d'assurance emprunteur.

L'ACS est une prestation en France qui vise à faciliter l'accès à une complémentaire santé (mutuelle) pour les personnes aux revenus modestes, mais qui dépassent légèrement les plafonds permettant de bénéficier de la Couverture Maladie Universelle Complémentaire (CMU).

Aide juridictionnelle : Pour les démarches juridiques liées à l'achat immobilier, cette aide peut être sollicitée. Elle permet de bénéficier d'une prise en charge totale ou partielle des frais liés à la consultation d'un avocat.

Conditions d'éligibilité : L'Aide Juridictionnelle est accordée en fonction des ressources du demandeur. Les ressources prises en compte sont celles de l'ensemble du foyer. Si les revenus sont inférieurs à un certain plafond, la personne peut bénéficier de cette aide.

Démarches pour l'obtenir : Pour bénéficier de l'Aide Juridictionnelle, il faut déposer une demande auprès du bureau d'aide juridictionnelle du tribunal de grande instance compétent. Le dossier de demande doit être accompagné des pièces justificatives de revenus.

Prise en charge des frais : Cette aide peut prendre en charge totalement ou partiellement les honoraires d'un avocat, d'un huissier de justice, d'un expert ou d'un notaire. Les frais de justice, tels que les frais d'huissier ou les droits de greffe, peuvent également être pris en charge.

Un huissier de justice est un officier ministériel dont le rôle principal est d'assurer l'exécution des décisions de justice, notamment en matière civile et commerciale.

Un courtier immobilier est un intermédiaire entre acheteurs et vendeurs :

Évaluation de Biens : *Le courtier peut aider à déterminer la valeur marchande d'un bien en réalisant une analyse comparative du marché.*

Négociation : *Lors d'une transaction, le courtier peut intervenir dans les négociations entre les parties pour obtenir des conditions favorables pour ses clients.*

Coordination des Transactions : *Le courtier supervise souvent le processus de transaction, s'assurant que tous les documents nécessaires sont complétés et que la transaction progresse de manière fluide.*

Marketing : *Pour les vendeurs, le courtier peut mettre en œuvre des stratégies de marketing pour promouvoir leur propriété et attirer des acheteurs potentiels.*

8. Consulter un professionnel du crédit

Engager un courtier en prêts immobiliers peut faciliter le processus d'obtention d'un prêt. Ils ont une connaissance approfondie du marché et peuvent vous aider à trouver les meilleures offres en fonction de votre situation.

Rencontrez plusieurs courtiers
Ne vous contentez pas du premier courtier que vous rencontrez. Posez-leur des questions sur leur expérience, leur méthode de travail.

Vérifiez leur disponibilité et leur réactivité
La disponibilité et la réactivité du courtier sont des facteurs importants. Assurez-vous qu'il puisse consacrer suffisamment de temps à votre projet et qu'il réponde rapidement à vos appels ou courriels.

TO DO LIST

Mes objectifs

- [x] *Consulter mon banquier*
- [ ]
- [ ]
- [ ]
- [ ]
- [ ]
- [ ]
- [ ]
- [ ]
- [ ]
- [ ]
- [ ]
- [ ]
- [ ]
- [ ]
- [ ]
- [ ]

OBTENIR UN CRÉDIT / PRÊT

fiche récapitulative

Calcul de capacité d'emprunt mensuelle =
Revenu net mensuel × (Taux d'endettement maximal en décimal)

Tenir Compte de l'Apport Personnel : *Si vous avez un apport personnel
pour l'achat, soustrayez-le du coût total estimé du bien que vous souhaitez acquérir.
Il est essentiel de noter que ces étapes fournissent une estimation générale.
Les banques peuvent également prendre en compte d'autres critères tels que votre
historique de crédit et la durée du prêt. Il est recommandé de consulter un conseiller
financier pour une évaluation précise de votre capacité d'emprunt.*

Préparer une demande de prêt solide ; constituer son dossier
*Rassemblez les documents nécessaires, tels que les relevés de compte,
les fiches de paie, les déclarations d'impôts, etc.
Préparez une lettre expliquant votre situation financière, vos motivations
pour le prêt, et comment vous prévoyez de le rembourser.*

Pour conclure

*Que vous soyez sur le point d'emprunter pour votre première propriété
ou que vous envisagiez un investissement futur, la compréhension
approfondie du crédit immobilier s'avère être une clé essentielle. Le
choix du type de prêt, la négociation des conditions, et la préparation
minutieuse de votre dossier sont autant d'éléments qui peuvent faire la
différence. N'oublions pas que le crédit immobilier n'est pas
simplement un arrangement financier, mais un engagement qui
impacte votre vie quotidienne. La responsabilité qui accompagne ce
processus nécessite une réflexion et une planification méticuleuse.*

AIDES & RÉGIMES FISCAUX

Nos conseils professionnels

Premier achat   Investissement   Le notaire et son rôle

Crédits & prêts   Aides & régimes fiscaux   ,...

L'achat de sa première propriété est une étape mémorable, mais il peut également être un défi financier. Heureusement, de nombreuses aides et régimes fiscaux sont disponibles pour faciliter le processus d'acquisition immobilière. Dans cet article, nous explorerons les principales aides et avantages fiscaux dont peuvent bénéficier les acheteurs novices lors de leur premier achat immobilier.

1

Les régimes fiscaux sont créés et mis en place par les autorités gouvernementales dans le cadre de la législation fiscale d'un pays. Les régimes fiscaux établissent les règles et les modalités selon lesquelles les particuliers et les entreprises doivent payer leurs impôts.

Avantages de la réalisation de travaux visant à améliorer l'efficacité énergétique :

1. Réduction des Coûts Énergétiques : *ils permettent souvent de réduire la consommation, ce qui se traduit par des factures d'énergie moins élevées.*

2. Valorisation du Patrimoine : *Devenant écoénergétiques, ils sont souvent plus attractifs sur le marché immobilier. Ils peuvent bénéficier d'une valorisation et se vendre plus rapidement.*

3. Réduction des Émissions de Gaz à Effet de Serre : *Diminue les émissions associées à la production d'électricité et de chaleur.*

4. Accès à des Aides et Subventions : *Le gouvernement propose des aides financières, subventions ou incitations fiscales pour encourager la réalisation de travaux d'amélioration énergétique.*

1. La réduction des frais de notaire

Les frais de notaire peuvent représenter une part significative des coûts. Certains départements offrent des réductions ou exonérations de droits de mutation (frais de notaire) pour les primo-accédants. Renseignez-vous auprès du département où se situe le bien pour connaître les éventuelles exonérations disponibles.

2. Le crédit d'impôt transition énergétique

Il permet de bénéficier d'un crédit d'impôt pour les dépenses liées à des travaux d'amélioration énergétique dans le logement acquis.

3. Les aides locales

Des collectivités locales proposent des aides spécifiques pour encourager l'accession à la propriété. Il peut s'agir de subventions directes, de prêts à taux réduits, ou d'autres formes d'aides financières. Renseignez-vous auprès de votre mairie ou de votre région pour connaître les programmes disponibles.

TO DO LIST

Mes objectifs

- [x] *Me renseigner sur les aides locales*
- [ ]
- [ ]
- [ ]
- [ ]
- [ ]
- [ ]
- [ ]
- [ ]
- [ ]
- [ ]
- [ ]
- [ ]
- [ ]
- [ ]
- [ ]

AIDES & RÉGIMES FISCAUX

fiche récapitulative

Le crédit d'impôt transition énergétique
Il permet de bénéficier d'un crédit d'impôt pour les dépenses liées à des travaux d'amélioration énergétique qui composent de nombreux avantages malgré leur coût.

Voici quelques exemples d'aides qui ont pu être proposées à Paris :
Prêt Paris Logement (PPL) : *Il s'agit d'un prêt à taux zéro accordé par la Ville de Paris pour faciliter l'accession à la propriété. Ce prêt peut être complémentaire à d'autres dispositifs de prêts à taux zéro nationaux.*
Programmes de Logements Sociaux : *La Mairie de Paris peut soutenir des programmes visant à construire des logements sociaux afin de répondre aux besoins de la population.*
Aides pour l'Accession Sociale à la Propriété : *Des dispositifs spécifiques peuvent être déployés pour faciliter l'accession à la propriété pour les ménages aux revenus modestes.*

Il est recommandé de consulter directement les services municipaux de la Ville de Paris ou le site officiel de la mairie pour obtenir des informations à jour sur les aides disponibles.

Les régimes fiscaux *sont conçus dans le but de financer les dépenses publiques, de promouvoir certains comportements ou activités économiques, et d'atteindre des objectifs en matière de politique économique, sociale et budgétaire. Ils comprennent des dispositions relatives à l'imposition des revenus, des biens, des transactions commerciales, ainsi que des incitations fiscales sous forme de réductions d'impôts, de crédits d'impôts, ou d'autres avantages fiscaux.*

Pour conclure

La compréhension des régimes fiscaux n'est pas simplement un exercice administratif, mais une clé stratégique pour optimiser ses finances et maximiser les bénéfices d'un investissement immobilier. N'oublions pas que ces aides et régimes fiscaux sont conçus pour accompagner, soutenir et encourager. En assimilant ces connaissances, vous pourrez prendre des décisions éclairées, bâtissant ainsi des bases solides pour votre avenir.

LES AGENCES IMMOBILIÈRES

Tout ce qu'il faut savoir sur leurs missions

- (Les agences immobilières)
- (Comprendre le marché)
- (Négociations)
- (Gestion immobilière)
- (Les risques & précautions)
- (Ressources & outils)

L'achat de sa première propriété est une étape majeure dans la vie, et s'entourer d'un agent immobilier compétent peut considérablement faciliter ce processus complexe. L'agent immobilier joue un rôle crucial en tant que guide, conseiller et négociateur, offrant aux acheteurs novices une expertise précieuse pour faire de leur rêve d'accession à la propriété une réalité. Dans cet article, nous plongeons dans les détails du rôle et des missions de l'agent immobilier lors d'un premier achat..

(?)

Saviez-vous que la toute première agence immobilière connue a été fondée en 1794 à Paris par une femme nommée Thérèse Levasseur ?

Elle était connue pour son association avec le philosophe Jean-Jacques Rousseau. Thérèse Levasseur a ouvert cette agence pionnière pour aider les propriétaires à acheter, vendre et louer des propriétés, marquant ainsi le début de l'industrie des agences immobilières telle que nous la connaissons aujourd'hui.

Déroulement d'une Visite avec un Agent :

Accueil et Présentation : *L'agent immobilier vous accueillera et vous présentera brièvement la propriété.*

Visite des espaces intérieurs : *Il vous guidera à travers les différentes pièces du bien, en soulignant les caractéristiques.*

Examen des Extérieurs : *Si la propriété a des espaces extérieurs, l'agent vous les montrera également.*

Réponses aux Questions : *Pendant la visite, l'agent immobilier sera prêt à répondre à vos questions et à fournir des informations supplémentaires sur la propriété et le quartier.*

Discussion du quartier : *L'agent peut vous donner des informations sur le quartier, les écoles à proximité, commodités locales, etc.*

Clarifications sur les Détails : *N'hésitez pas à demander des clarifications sur des détails spécifiques de la propriété, tels que l'âge du toit, l'état des électroménagers, les coûts d'entretien, etc.*

1. Expertise et conseils

L'une des premières missions de l'agent immobilier est de fournir une expertise approfondie sur le marché local. Pour les acheteurs novices, cela signifie une analyse détaillée des quartiers, des tendances du marché, et des prix de vente. L'agent partage ses connaissances et son expertise pour aider les acheteurs à prendre des décisions éclairées.

2. Recherche et sélection de biens

L'agent immobilier entreprend une recherche exhaustive pour trouver plusieurs propriétés correspondant aux critères spécifiques de l'acheteur. Cette mission inclut la planification et la coordination des visites de biens potentiels, en prenant en compte les besoins, les préférences, et le budget de l'acheteur.

3. Négociation des offres

L'agent immobilier joue un rôle central dans la négociation des offres. Fort de son expérience, il utilise ses compétences pour obtenir le meilleur prix possible tout en protégeant les intérêts de l'acheteur. La négociation peut également inclure des conditions particulières, telles que des réparations ou des concessions.

1. Identification des Parties
2. Description de la Propriété
3. Prix Offert
4. Conditions de Financement
5. Conditions de l'Offre
6. Date de Clôture
7. Acompte
8. Contingences
9. Durée de Validité de l'Offre
10. Clause de Résiliation
11. Signature des Acheteurs

4. Assistance administrative

Tout au long du processus d'achat, l'agent immobilier prend en charge la gestion de la paperasse administrative. Cela englobe la rédaction des offres d'achat, la coordination des inspections, et la supervision des délais contractuels. L'objectif est de simplifier le processus pour l'acheteur.

5. Relation avec les professionnels

L'agent immobilier collabore étroitement avec d'autres professionnels de l'industrie, tels que les notaires, les experts en financement, et les inspecteurs immobiliers. Il facilite la communication entre toutes les parties, s'assurant que chaque étape de la transaction est correctement coordonnée.

6. Conseils sur le financement

Pour les premiers acheteurs, le financement peut être un aspect complexe. L'agent immobilier peut recommander des experts en prêts hypothécaires avec lesquels ils ont déjà travaillé, aider à comprendre les différentes options de financement, et guider l'acheteur tout au long du processus de demande de prêt, ce qui n'est pas négligeable.

7. Gestion des visites et évaluations

Organiser les visites de propriétés est une tâche clé de l'agent immobilier. Il supervise également les évaluations nécessaires pour déterminer la valeur marchande d'un bien. Ces étapes sont essentielles pour garantir que l'acheteur fait un investissement éclairé.

8. Conseils juridiques

L'agent immobilier fournit des conseils sur les aspects juridiques de la transaction, bien qu'il ne soit pas avocat. Il explique les termes du contrat, s'assure de la conformité légale, et recommande souvent des avocats spécialisés en immobilier pour des conseils plus spécifiques.

9. Après la vente

Même après la signature du contrat, l'agent immobilier reste à la disposition de l'acheteur. Il peut aider à coordonner le processus de clôture, répondre aux questions de dernière minute, et faciliter une transition en douceur vers la nouvelle propriété.

En conclusion, l'agent immobilier est bien plus qu'un simple intermédiaire. Il est un partenaire stratégique offrant son expertise, ses compétences de négociation, et son engagement à garantir une expérience d'achat immobilière réussie. Pour les acheteurs novices, faire appel à un agent immobilier compétent peut être la clé pour transformer leur rêve de propriété en une réalité fluide et bien informée

Après la vente d'une propriété, le rôle de l'agent immobilier ne se termine pas immédiatement. Bien que la transaction soit conclue, l'agent immobilier peut jouer un rôle essentiel dans plusieurs aspects post-vente :

1. Coordination de clôture
2. Suivi des contingences
3. Assistance aux démarches administratives
4. Communication avec les parties impliquées
5. Transfert de clés et de documents
6. Coordination avec les professionnels connexes
7. Suivi du financement
8. Service après-vente

En fin de compte, le rôle de l'agent immobilier après la vente vise à garantir une transition en douceur et à fournir un soutien continu aux parties impliquées, offrant ainsi une expérience positive.

TO DO LIST

Mes objectifs

- [x] *Trouver l'agence qui me convient*
- [ ]
- [ ]
- [ ]
- [ ]
- [ ]
- [ ]
- [ ]
- [ ]
- [ ]
- [ ]
- [ ]
- [ ]
- [ ]
- [ ]
- [ ]

LES AGENCES IMMOBILIÈRES

fiche récapitulative

Questions à Poser à un Agent Immobilier lors d'une Visite :
Combien de temps la propriété est-elle sur le marché ?
Y a-t-il eu des offres précédentes sur la propriété ?
Quels sont les coûts d'entretien et d'exploitation de la propriété ?
Quelle est l'orientation de la propriété et comment cela affecte-t-il la luminosité naturelle ?
Quelles sont les écoles, les transports en commun, les commerces disponibles à proximité ?
Existe-t-il des projets de développement ou de construction prévus dans le quartier ?
Quelle est la politique de négociation du vendeur ou du bailleur ?

La Collaboration avec les Professionnels dans le Secteur Immobilier
Les agents immobiliers travaillent en étroite collaboration avec d'autres professionnels du domaine, notamment les notaires, les experts en financement et les inspecteurs immobiliers. Ils veillent à ce que chaque étape de la transaction soit bien coordonnée en facilitant la communication entre toutes les parties prenantes impliquées.

Après la vente d'une propriété, le rôle de l'agent immobilier ne se termine pas immédiatement. Bien que la transaction soit conclue, l'agent immobilier peut jouer un rôle essentiel dans plusieurs aspects post-vente.

Pour conclure

Les agences immobilières, bien plus que des intermédiaires, sont des guides essentiels dans le voyage passionnant vers la propriété. De la recherche initiale jusqu'à la clôture de la transaction, ils sont vos compagnons, fournissant des conseils avisés, une expertise approfondie et un soutien continu. Les visites de propriétés, les négociations habiles, les conseils sur les quartiers. Leur expérience et leur connaissance approfondie sont des atouts dans la quête de la propriété idéale.

COMPRENDRE LE MARCHÉ

Conseils professionnels pour une navigation éclairée

(Les agences immobilières) (*Comprendre le marché*) (Négociations)

(Gestion immobilière) (Les risques & précautions) (Ressources & outils)

L'immobilier peut être un monde complexe pour ceux qui s'y aventurent pour la première fois, il offre d'innombrables opportunités pour ceux qui sont prêts à apprendre et à s'engager. Cependant, avec les conseils appropriés, même les novices peuvent apprendre à comprendre les rouages du marché immobilier. Cet article vous guidera à travers les étapes cruciales pour une compréhension approfondie, en mettant en lumière des conseils professionnels.

Un fait historique significatif remonte à la crise financière mondiale de 2008. Cette crise a été marquée par une chute des prix de l'immobilier dans de nombreux pays, en raison de la bulle immobilière et de la crise des prêts hypothécaires à risque aux États-Unis.

Les conséquences de cette crise ont eu un impact mondial sur le marché immobilier et ont conduit à des réformes importantes dans le secteur financier.

Plusieurs professionnels de la finance et de l'immobilier peuvent fournir des conseils pertinents :

1. Courtier en Prêt Hypothécaire : Ils sont bien informés sur les taux d'intérêt actuels, les conditions du marché financier et peuvent vous aider à évaluer votre capacité d'emprunt.

2. Conseiller Financier

3. Expert en Évaluation Immobilière

4. Notaire

5. Économiste de l'Immobilier

6. Banquier : Les conseillers bancaires peuvent fournir des informations sur les produits financiers liés à l'immobilier, tels que les prêts hypothécaires et les options de financement.

1. Définir vos objectifs immobiliers

Avant de plonger dans le marché immobilier, prenez le temps de définir clairement vos objectifs. Que vous envisagiez l'achat d'une résidence principale, un investissement locatif ou une propriété commerciale, comprendre vos aspirations aidera à orienter vos recherches.

2. Analyser votre situation financière

Consultez un professionnel de la finance pour évaluer votre capacité d'emprunt et définir un budget réaliste. Comprendre vos limites financières est essentiel pour éviter des décisions imprudentes.

3. Engager des experts immobiliers

Les agents immobiliers qualifiés jouent un rôle clé dans la compréhension du marché étant donné que ces données leurs sont indispensables. Consultez des professionnels locaux pour obtenir des conseils sur les tendances du marché, les quartiers en vogue et les opportunités d'investissement.

N'hésitez pas à échanger avec les résidents actuels du quartier.

Leurs expériences et commentaires peuvent vous donner des informations précieuses sur la vie quotidienne, les services locaux et les tendances du marché.

4. Effectuer une recherche approfondie

Utilisez des sources en ligne, des rapports de quartier et des outils immobiliers pour effectuer une recherche approfondie sur le marché local. Analysez les tendances passées et actuelles, ainsi que les projections futures.

5. Comprendre les coûts associés

Familiarisez-vous avec les coûts associés à l'achat immobilier, tels que les frais de clôture, les impôts fonciers, et les coûts d'entretien. Ces éléments peuvent avoir un impact significatif sur votre budget global.

6. Négocier de manière éclairée

Apprenez les bases des négociations immobilières en comprenant la valeur de la propriété, les conditions du marché et les motivations du vendeur. Soyez prêt à faire des offres compétitives tout en restant réaliste.

7. Se Connecter avec un réseau professionnel

Élargissez votre réseau en vous connectant avec d'autres professionnels de l'immobilier tels que des avocats spécialisés en immobilier, des courtiers hypothécaires, et des gestionnaires de biens. Ces contacts peuvent fournir des conseils essentiels à chaque étape de votre parcours.

8. Restez informé et éduquez-Vous

Le marché évolue constamment. Restez informé des tendances actuelles en rejoignant des associations immobilières locales, en lisant des publications spécialisées et en participant à des événements du secteur. L'éducation continue est la clé du succès dans l'immobilier.

En France, plusieurs associations immobilières jouent un rôle essentiel dans le secteur de l'immobilier :

1. Fédération Nationale de l'Immobilier :
La FNAIM est l'une des plus grandes associations immobilières en France.

2. Chambre Nationale Experts en Copropriété :
La CNEC représente les professionnels spécialisés dans la gestion des copropriétés.

5. Union des Syndicats de l'Immobilier :
L'UNIS représente les professionnels de l'immobilier, y compris les administrateurs de biens, les gestionnaires de copropriété, et les experts immobiliers.
Elle se concentre sur la défense des intérêts des professionnels et la promotion de l'éthique.

7. Association des Responsables de Copropriété :
L'ARC se consacre à l'accompagnement des copropriétaires et à la promotion des bonnes pratiques en matière de gestion de copropriété.

TO DO LIST

Mes objectifs

✓ *Faire mes recherches sur le marché actuel*

☐

☐

☐

☐

☐

☐

☐

☐

☐

☐

☐

☐

☐

☐

☐

COMPRENDRE LE MARCHÉ

fiche récapitulative

Pour déterminer votre capacité d'emprunt et établir un budget réaliste,
il est recommandé de consulter un professionnel de la finance. Il est essentiel
de comprendre vos limites financières pour éviter de prendre des décisions imprudentes.

Élargissez votre réseau professionnel en vous connectant avec d'autres
experts de l'immobilier, tels que des avocats spécialisés dans le domaine,
Des courtiers hypothécaires et des gestionnaires de biens. Ces contacts
peuvent prodiguer des conseils essentiels à chaque étape de votre parcours,
alors n'hésitez pas à les contacter.

N'hésitez pas à échanger avec les résidents actuels
du quartier. Leurs expériences et commentaires peuvent
vous donner des informations précieuses sur la vie quotidienne,
les services locaux et les tendances du marché.

Pour conclure

En décortiquant les tendances, les prix, et les particularités locales,
vous vous dotez d'une vision stratégique qui transcende le simple acte
d'achat. Comprendre les fluctuations passées, anticiper les évolutions
futures et s'immerger dans la dynamique du quartier sont autant de
facettes qui forgent une acquisition immobilière réussie. Mais n'oubliez
pas que vous n'êtes pas seuls, de nombreux professionnels sont
présents pour vous aider dans votre recherche !

Au-delà des chiffres, cette compréhension approfondie englobe les
aspirations personnelles et familiales. Qu'il s'agisse de la proximité des
écoles, des commodités ou de l'accessibilité aux transports, chaque
détail contribue à la toile complexe du choix immobilier.

NÉGOCIATIONS & ACQUISITION

Les tendances et influences

- Les agences immobilières
- Comprendre le marché
- Négociations
- Gestion immobilière
- Les risques & précautions
- Ressources & outils

Lorsqu'on se lance dans notre premier achat immobilier, la négociation et l'acquisition d'une propriété peuvent sembler être des défis intimidants. Cependant, avec les conseils appropriés et une approche stratégique, vous pouvez naviguer avec succès dans ces étapes cruciales de vente. Ce petit guide vous offre des conseils professionnels pour aborder ces sujets avec confiance.

Saviez-vous que la négociation en immobilier va bien au-delà du simple prix d'achat ? En réalité, elle englobe souvent des éléments tels que les délais de clôture, les réparations potentielles, voire même l'inclusion de certains meubles ou équipements.

La négociation devient ainsi une danse subtile où chaque détail peut faire la différence dans la réalisation d'une transaction immobilière.

*Le calcul de votre capacité financière pour un achat immobilier dépend de plusieurs facteurs. Un indicateur clé est le taux d'endettement, qui représente le pourcentage de vos revenus consacré au remboursement des dettes, y compris le prêt immobilier.

Voici une formule simple pour estimer votre capacité financière :

Capacité Financière = Revenu Mensuel Net × Taux d'Endettement Maximum

Le taux d'endettement maximum recommandé varie, mais il est généralement conseillé de ne pas dépasser 30 à 35%. Ce pourcentage inclut le remboursement du prêt immobilier, ainsi que d'autres dettes éventuelles comme les prêts étudiants, etc.

Il est important de noter que ce calcul donne une estimation générale. Il est recommandé de consulter un professionnel financier ou un courtier immobilier, qui prendra en compte d'autres éléments tels que les frais de notaire, les impôts fonciers, et les coûts d'assurance.

1. Connaître le marché local

Avant de négocier, il est essentiel de comprendre le marché local. Analysez les tendances actuelles, les prix de vente comparables sur des biens similaires dans les alentours, et les facteurs économiques qui pourraient influencer la valeur de la propriété. Un agent immobilier expérimenté peut, si vous ressentez le besoin d'aide, vous fournir ces informations.

2. Définir vos limites financières*

Avant d'entrer dans des négociations, établissez clairement vos limites financières. Connaissez votre budget maximal et soyez conscient des coûts associés à l'achat, y compris les frais de clôture, les taxes et les éventuels coûts de rénovation.

3. Être prêt à agir rapidement

Le marché immobilier est dynamique et il demande souvent une action rapide. Soyez prêt à agir rapidement lorsqu'une opportunité se présente. Avoir une pré-approbation de prêt en main renforcera votre crédibilité en tant qu'acheteur sérieux. Il faut néanmoins savoir garder son sang froid, un premier achat est une décision importante qui ne se prend pas sur un coup de tête. Soyez certains de ce que vous voulez / cherchez pour pouvoir agir ainsi.

Voici une liste générale des points pouvant être négociés :

1. Prix d'achat
La négociation du prix est l'un des aspects les plus courants lors d'une transaction immobilière.

2. Frais de notaire
Certaines parties des frais de notaire peuvent être négociées entre l'acheteur et le vendeur.

3. Inclusions/exclusions
Les éléments inclus ou exclus de la vente, tels que les appareils électroménagers, peuvent être négociés.

4. Réparations
Les réparations nécessaires identifiées lors de l'inspection peuvent être négociées quant à savoir si le vendeur effectuera les réparations ou si le prix sera ajusté en conséquence.

5. Délai de clôture
La date à laquelle la transaction sera finalisée peut être négociée pour convenir aux deux parties.

4. Établir une relation avec le vendeur

Une communication ouverte et amicale avec le vendeur peut jouer un rôle crucial dans les négociations. Essayez de comprendre leurs motivations pour vendre et soyez prêt à ajuster votre offre en conséquence.

5. N'ayez pas peur de négocier

La négociation est une partie incontournable du processus. Ne soyez pas réticent à négocier le prix, les conditions de clôture, ou même certains éléments d'inclusion dans la vente. Cela nécessite souvent de la souplesse.

Soyez également prêt à faire des compromis, mais ayez aussi une idée claire de vos limites. Déterminez à l'avance les éléments sur lesquels vous êtes prêt à céder et ceux qui sont non négociables. La flexibilité peut renforcer votre position lors des négociations, montrant au vendeur que vous êtes disposé à trouver un terrain d'entente.

6. Éviter les émotions débordantes

Les transactions immobilières peuvent être émotionnelles, mais il est crucial de rester calme et rationnel. Évitez de laisser vos émotions dicter vos décisions. Un professionnel de l'immobilier peut vous apporter un regard objectif et vous conseiller sur les stratégies de négociation.

6. Financement
Les conditions de financement, y compris le taux d'intérêt et les termes du prêt, peuvent être négociées avec le prêteur.

7. Inspections
Les détails concernant les inspections de la propriété peuvent être négociés, y compris qui sera responsable des coûts et quelles réparations seront nécessaires.

8. Meubles et équipements
Si certains meubles ou équipements sont inclus dans la vente, cela peut être négocié.

9. Termes de l'offre
Les termes de l'offre, tels que les conditions suspensives, peuvent être négociés.

10. Occupation anticipée
Si l'acheteur souhaite prendre possession de la propriété avant la clôture, cela peut être négocié.

7. Faire des offres compétitives
Dans un marché concurrentiel, les offres compétitives peuvent faire la différence. Soyez informé sur la valeur du marché et faites des offres réfléchies. N'hésitez pas à consultez votre agent immobilier pour élaborer une offre qui maximise vos chances car une offre trop basse pourrait bloquer définitivement le vendeur.

8. Inspections et révisions du contrat
Avant de conclure un accord, assurez-vous d'inclure des inspections appropriées dans le processus. Les résultats des inspections peuvent influencer la négociation finale. Soyez prêt à réviser le contrat en fonction de ces résultats.

9. Engager un avocat immobilier
Engager un avocat spécialisé en droit immobilier peut être une sage décision. Ils peuvent examiner les détails juridiques du contrat, offrir des conseils sur les implications fiscales, et s'assurer que vos intérêts sont protégés.

10. Anticiper la clôture
Soyez prêt à anticiper le processus de clôture. Cela inclut la préparation des documents nécessaires, la coordination et le contact avec les professionnels qui sont impliqués, et la gestion des derniers détails avant la remise des clés. Cela vous enlèvera un poids considérable afin de finaliser votre achat en toute sérénité.

TO DO LIST

Mes objectifs

- [x] *Contacter un avocat en droit immobilier*
- [ ]
- [ ]
- [ ]
- [ ]
- [ ]
- [ ]
- [ ]
- [ ]
- [ ]
- [ ]
- [ ]
- [ ]
- [ ]
- [ ]
- [ ]

NÉGOCIATIONS & ACQUISITION

fiche récapitulative

Soyez également prêt à faire des compromis, mais ayez aussi une idée claire de vos limites. Déterminez à l'avance les éléments sur lesquels vous êtes prêt à céder et ceux qui sont non négociables. La flexibilité peut renforcer votre position lors des négociations, montrant au vendeur que vous êtes disposé à trouver un terrain d'entente.

Le calcul de votre capacité financière pour un achat immobilier dépend de plusieurs facteurs. Un indicateur clé est le taux d'endettement, qui représente le pourcentage de vos revenus consacré au remboursement des dettes, y compris le prêt immobilier.

Voici une formule simple pour estimer votre capacité financière :

Capacité Financière = Revenu Mensuel Net × Taux d'Endettement Maximum

---

 L'embauche d'un avocat spécialisé en droit immobilier peut s'avérer une décision judicieuse. Non seulement ils peuvent passer en revue les détails juridiques de votre contrat, mais ils peuvent également fournir des conseils sur les conséquences fiscales et garantir que vos intérêts sont protégés.

Pour conclure

Ces phases revêtent une importance au-delà de la simple formalité. C'est un moment stratégique où chaque détail discuté contribue à façonner la réalité de la transaction à venir. La négociation dépasse largement la question du prix, englobant divers éléments tels que les frais associés, les réparations, et les détails temporels. C'est un équilibre délicat où l'objectif est de parvenir à un accord mutuellement bénéfique. L'acquisition immobilière, loin d'être anodine, symbolise l'émergence d'une opportunité concrète.

GESTION LOCATIVE

Nécessité, implications et conseils

- Les agences immobilières
- Comprendre le marché
- Négociations
- Gestion immobilière
- Les risques & précautions
- Ressources & outils

1

La gestion immobilière est une composante essentielle de l'investissement immobilier, impliquant la supervision et l'administration des propriétés. Que vous soyez propriétaire d'une résidence locative, d'un immeuble commercial ou d'une propriété multifamiliale, la gestion immobilière peut jouer un rôle crucial dans la préservation de la valeur de votre investissement et dans la satisfaction des locataires. Cet article explore ce qu'est la gestion immobilière, quand elle est nécessaire, ce qu'elle implique, et offre des conseils précieux pour les novices.

la gestion locative remonte à l'Antiquité romaine. À cette époque, les propriétaires fonciers, appelés "dominus," pouvaient confier la gestion de leurs biens immobiliers à des individus spécifiques, souvent des affranchis, appelés "vilicus".

Ces gestionnaires étaient responsables de superviser les opérations quotidiennes des domaines, y compris la collecte des loyers, l'entretien des propriétés et la gestion des travailleurs agricoles.

Qu'est-ce que la gestion immobilière ?

La gestion immobilière englobe un ensemble de services et de tâches visant à maximiser la valeur d'une propriété, à garantir la satisfaction des locataires et à faciliter les opérations courantes. Ces services peuvent inclure la recherche et la sélection des locataires, la gestion des baux, la maintenance régulière, la collecte des loyers, et la résolution des problèmes qui peuvent survenir.

Quand la gestion est-elle nécessaire ?

Propriété locative

Si vous possédez une propriété locative, surtout si elle est éloignée géographiquement, la gestion immobilière peut vous soulager des tâches opérationnelles liées à la gestion des locataires et de la propriété.

Propriété multifamiliale

Les propriétaires de ces bâtiments peuvent bénéficier de services de gestion immobilière pour coordonner les activités quotidiennes, gérer les espaces communs, et s'assurer du bien-être global de la propriété.

Immeuble commercial

Les propriétés commerciales peuvent nécessiter une gestion attentive pour assurer le respect des contrats de location, la maintenance des espaces commerciaux, et la satisfaction des locataires.

Les contrats de location commerciale diffèrent de de ceux locatifs et peuvent être plus complexes, avec des termes de location plus longs et des clauses spécifiques aux activités commerciales.

Si vous habitez loin de votre bien immobilier et souhaitez être informé de l'avancée de sa gestion locative par une agence immobilière, voici quelques suggestions pour rester au courant :

1. Communication Régulière : *Demandez-leur de vous fournir des mises à jour périodiques sur l'état de la gestion locative, notamment les locations, les réparations effectuées, et tout autre aspect important.*

2. Accès en Ligne : *Certaines agences immobilières proposent des plateformes en ligne sécurisées où les propriétaires peuvent accéder à des informations en temps réel sur la gestion de leur bien. Vérifiez si une telle option est disponible.*

3. Réunions Virtuelles : *Organisez des réunions virtuelles régulières avec l'agence immobilière pour discuter de l'état actuel de la gestion.*

4. Souscrire à des Services de Gestion en Ligne : *Certains services de gestion immobilière en ligne offrent des fonctionnalités permettant aux propriétaires de suivre l'état de leur bien à distance.*

Ce que la gestion immobilière implique

Recherche et sélection des locataires
Identifier des locataires fiables et solvables.

Gestion des baux
Élaborer, négocier et administrer les contrats de location.

Entretien de la propriété
Assurer la maintenance régulière, répondre aux réparations, et coordonner des services.

Collecte des loyers
Gérer les paiements des locataires, suivre les retards de paiement et prendre des mesures appropriées.

Communication avec les locataires
Être un contact pour les préoccupations des locataires et faciliter la communication.

Gestion des conflits
Résoudre les conflits entre locataires et traiter les problèmes liés à la propriété.

Voici quelques points clés généraux que les propriétaires doivent souvent prendre en compte dans le cadre de la gestion locative :

Contrat de Location :
La loi en exige un formel, détaillant les droits et les obligations du propriétaire et du locataire.

Dépôt de Garantie :
Les lois peuvent réglementer la manière dont les dépôts de garantie sont collectés, détenus et restitués.

Entretien de la Propriété *: Les propriétaires ont généralement l'obligation de maintenir la propriété en bon état.*

Accès à la Propriété :
Les lois régissent souvent le droit du propriétaire d'accéder à la propriété pour effectuer des réparations ou des inspections. Il est généralement requis de fournir un préavis raisonnable au locataire.

Expulsion :
Les propriétaires doivent suivre des processus légaux spécifiques pour mettre fin à un bail et expulser un locataire.

1. Engagez un professionnel en gestion

Si vous êtes novice, envisagez d'engager un gestionnaire immobilier professionnel. Leur expertise peut être inestimable pour éviter les erreurs coûteuses et assurer une gestion efficace.

2. Connaître les lois locales

Familiarisez-vous avec les lois et réglementations locales sur la location et la propriété afin de vous assurer de respecter toutes les exigences légales.

3. Soyez organisé

Maintenez une documentation détaillée sur tous les aspects de la gestion immobilière, y compris les baux, les réparations, et la communication avec les locataires.

4. Établissez des relations positives

Cultivez des relations positives et polies avec vos locataires. Une communication ouverte et une résolution rapide des problèmes contribueront à une expérience locative agréable.

5. Anticipez les coûts

Prévoyez un budget pour les coûts d'entretien et petites réparations. L'anticipation des dépenses contribuera à éviter des surprises financières.

TO DO LIST

Mes objectifs

✓ Me renseigner sur les lois locales

GESTION LOCATIVE

fiche récapitulative

La gestion immobilière est un ensemble de tâches et de services visant à augmenter la valeur d'une propriété, à satisfaire les locataires et à faciliter les tâches quotidiennes. Les services offerts dans ce domaine incluent la recherche et la sélection des locataires, la gestion des baux, la maintenance régulière, la collecte des loyers et la résolution des problèmes qui peuvent survenir.

Le coût des frais de gestion locative auprès d'une agence immobilière
1. Pourcentage du loyer : *La plupart des agences immobilières facturent un pourcentage du loyer mensuel en tant que frais de gestion. Ce pourcentage peut varier, mais il se situe généralement entre 8% et 12% du loyer mensuel.*
2. Frais Fixes : *Certains agents immobiliers facturent des frais fixes, généralement mensuels ou annuels, indépendamment du montant du loyer.*
3. Frais Initiaux : Ils *peuvent facturer des frais initiaux pour la mise en place de la gestion locative. Cela peut inclure la publicité pour trouver des locataires, les vérifications de crédit, et la rédaction du contrat de location.*

Les tarifs des agences immobilières sont souvent négociables. Il peut être possible de discuter des frais de gestion, surtout si vous avez plusieurs biens à gérer ou si vous négociez un contrat à long terme.

Préparer une demande de prêt solide , comment constituer son dossier
Rassemblez les documents nécessaires, tels que les relevés de compte, les fiches de paie, les déclarations d'impôts, etc.
Préparez une lettre expliquant votre situation financière, vos motivations pour le prêt, et comment vous prévoyez le rembourser.

Pour conclure

Que vous choisissiez de gérer vous-même vos propriétés ou de confier cette responsabilité à une agence immobilière, la clé réside dans la compréhension des lois locales et obligations propriétaires. N'oubliez jamais que la gestion locative est avant tout une relation humaine. La communication transparente avec les locataires, l'attention aux détails, et la compréhension des besoins spécifiques de votre propriété sont autant de clés pour garantir une gestion fructueuse.

LES RISQUES & PRÉCAUTIONS

Naviguer les risques immobiliers lors du premier achat

Les agences immobilières   *Comprendre le marché*   *Négociations*

Gestion immobilière   *Les risques & précautions*   *Ressources & outils*

1

L'achat d'une propriété pour la première fois est une étape passionnante, mais il est essentiel de comprendre les risques potentiels associés à ce processus. Les défis peuvent varier, de la complexité des contrats à des problèmes structurels imprévus. Cet article examine les risques courants en immobilier lors d'un premier achat, les précautions à prendre et offre des conseils professionnels pour aider les novices à naviguer ce parcours avec confiance.

Avant de parapher, prenez le temps de les scruter minutieusement. Si nécessaire, n'hésitez pas à solliciter l'avis d'un professionnel juridique spécialisé en immobilier.

La clarté contractuelle est la pierre angulaire de votre transaction, vous assurant une compréhension totale des engagements réciproques. La prudence à ce stade évitera bien des embarras ultérieurs.

Risques Courants lors d'un Premier Achat

Problèmes Structurels

Certains problèmes, tels que des défauts de construction ou des dommages structurels, peuvent ne pas être immédiatement apparents lors de la visite initiale.

Dépenses Cachées

Des coûts imprévus, tels que des réparations majeures ou des frais de clôture plus élevés que prévu, peuvent survenir et impacter le budget global. Si vous le pouvez, essayez d'estimer avec une aide professionnels les couts, quitte à prévoir un budget plus conséquent en cas de problème.

Problèmes Juridiques

Des problèmes liés aux titres de propriété, aux restrictions d'utilisation des terres ou aux litiges juridiques peuvent survenir, compliquant le processus d'achat. Nous verrons dans les pages suivantes comment les anticiper et gérer.

Fluctuations du Marché

Les fluctuations du marché immobilier peuvent influencer la valeur de la propriété, en affectant la rentabilité de l'investissement.

Financement Inadéquat

Obtenir un financement insuffisant et / ou mal adapté à votre situation financière peut entraîner d'éventuelles difficultés à honorer les paiements hypothécaires.

1. Fondations Défectueuses

2. Fissures dans les Murs

3. Problèmes de Charpente

4. Infiltrations d'Eau

5. Problèmes de Terrassement :
Tels que l'érosion du sol, peut entraîner des mouvements de terrain et des problèmes structurels.

6. Défauts de Construction

Engager un inspecteur en bâtiment qualifié peut aider à détecter ces problèmes avant l'achat et à prendre des décisions éclairées sur la faisabilité de la transaction.

Un document de zonage, également appelé plan de zonage, est un document officiel émis par une municipalité ou une autorité compétente pour réglementer l'utilisation des sols sur son territoire.

Ce document divise le territoire en différentes zones, chacune ayant des règles et des réglementations spécifiques quant à l'utilisation autorisée des propriétés.

Les éléments clés d'un document de zonage comprennent :

1. Zonage des Propriétés

2. Règles d'Utilisation

3. Paramètres de Construction

4. Zones de Protection

5. Changements de Zonage

→

Résoudre des problèmes juridiques lors d'un achat immobilier demande une approche minutieuse et l'assistance de professionnels. Voici quelques conseils pour vous guider dans la résolution de problèmes juridiques potentiels

1. Engager un avocat du droit immobilier
L'engagement d'un avocat spécialisé en droit immobilier est crucial. Cet expert peut examiner les documents juridiques liés à la propriété, identifier les problèmes potentiels, et vous conseiller sur la meilleure manière de procéder.

2. Vérifier les titres de propriété
Assurez-vous que les titres de propriété sont clairs et libres de toute charge ou restriction qui pourrait compromettre votre droit de propriété. Votre avocat peut effectuer des recherches approfondies pour s'assurer que vous achetez une propriété avec un titre de propriété solide.

3. Examiner les documents de zonage
Ce problème peut entraîner des complications juridiques. Votre avocat doit les examiner de zonage pour s'assurer que la propriété est conforme aux réglementations locales.

Cela vous permettra de comprendre les restrictions et les opportunités liées à l'utilisation de la propriété, et d'évaluer si elle répond à vos besoins.

En cas de doute, il est recommandé de consulter les autorités locales ou des professionnels de l'immobilier pour obtenir des informations précises sur le zonage d'une propriété donnée.

Le registre foncier est un registre public qui documente les droits de propriété et les charges qui pèsent sur les biens immobiliers d'une région.

Il s'agit d'un outil juridique visant à assurer la transparence et la sécurité des transactions. Il est constitué de :

4. Analyser les contrats de location existants

Si la propriété est une location, examinez attentivement les contrats de location existants. Assurez-vous de comprendre les droits et obligations du propriétaire et des locataires, et vérifiez s'il existe des problèmes potentiels, tels que des litiges ou des retards de paiement.

1. Enregistrement des Propriétés : *Le registre foncier enregistre les détails de propriété pour chaque parcelle de terrain ou bien immobilier dans une zone spécifique.*

5. Vérifier les questions de responsabilité

Assurez-vous que toutes les responsabilités financières, telles que les taxes foncières et les coûts d'entretien partagés, sont correctement définies dans les documents juridiques. Des ambiguïtés dans ces domaines peuvent entraîner des litiges.

2. Droits de Propriété : *Il documente les droits de propriété, y compris les droits de pleine propriété, les servitudes, les droits de passage, les hypothèques, et d'autres charges ou privilèges.*

3. Traçabilité des Transactions : *Le registre foncier conserve un historique des transactions liées à chaque propriété.*

6. Consulter le registre foncier

Consultez le registre foncier pour vérifier l'historique de la propriété, y compris les antécédents de propriété et les éventuelles hypothèques. Cela peut révéler des informations cruciales sur la propriété et éviter des surprises désagréables.

4. Sécurité Juridique : *L'enregistrement au registre foncier confère une sécurité juridique aux propriétaires. Il sert de preuve officielle de la propriété et de ses caractéristiques.*

7. Négocier les clauses de protection

Travailler avec votre avocat pour inclure des clauses de protection dans le contrat d'achat. Cela peut inclure des conditions spécifiques qui doivent être remplies avant la clôture ou des mécanismes de résolution des litiges.

8. Obtenir des représentations et garanties

Demandez au vendeur des représentations et garanties concernant l'état légal de la propriété. Ces déclarations peuvent servir de base pour des actions en justice si des problèmes surviennent après la clôture.

9. Vérifier les documents de copropriété

Si la propriété est une copropriété, vérifiez attentivement les documents de copropriété pour vous assurer de comprendre les règles et réglementations de la copropriété, ainsi que les droits et responsabilités du propriétaire.

10. Maintenir une communication ouverte

Communiquez ouvertement avec votre avocat tout au long du processus. Si des préoccupations juridiques émergent, il est essentiel de les adresser assez rapidement pour éviter des complications ultérieures. Même si cela n'est qu'un doute, il est important d'en faire part, tant pour éviter ces situation que pour votre sérénité.

En fin de compte, la clé pour résoudre les problèmes juridiques est de travailler en étroite collaboration avec un avocat spécialisé en droit immobilier. Leur expertise juridique vous guidera à travers les détails complexes et contribuera à protéger vos intérêts lors de l'achat immobilier.

Les représentations et garanties concernant l'état légal de la propriété sont des clauses contractuelles couramment incluses dans les contrats immobiliers, tels que les contrats de vente.

Ces clauses sont formulées par le vendeur pour informer l'acheteur sur divers aspects juridiques et légaux de la propriété. Elles visent à garantir que le vendeur fournit des informations précises et complètes sur la situation juridique de la propriété.

TO DO LIST

Mes objectifs

- [x] *Consulter le registre foncier*
- [ ]
- [ ]
- [ ]
- [ ]
- [ ]
- [ ]
- [ ]
- [ ]
- [ ]
- [ ]
- [ ]
- [ ]
- [ ]
- [ ]
- [ ]

LES RISQUES & PRÉCAUTIONS

fiche récapitulative

Les frais cachés à prendre en compte :

Il est possible que des coûts imprévus, telles que des réparations majeures ou des frais de clôture plus élevés que prévu, surgissent et affectent le budget global. Pour éviter de tels imprévus, il est conseillé de faire une estimation avec l'aide de professionnels et d'envisager un budget plus important en cas de problème.

Recourir aux services d'un avocat spécialisé en droit immobilier

Il est primordial de faire appel à un avocat spécialisé en droit immobilier. Ce professionnel est en mesure de passer en revue les documents juridiques liés à la propriété, de détecter les problèmes potentiels et de vous conseiller sur la meilleure marche à suivre.

Le registre foncier est un registre public qui documente les droits de propriété et les charges qui pèsent sur les biens immobiliers d'une région. Il s'agit d'un outil juridique visant à assurer la transparence et la sécurité des transactions immobilières.

Pour conclure

En concluant cette exploration des risques et précautions, retenez que l'investissement dans votre premier bien immobilier est bien plus qu'une simple transaction financière ; c'est un engagement émotionnel et financier qui peut définir votre avenir. En restant informé, en prenant des décisions éclairées et en vous entourant des bons professionnels, vous forgez un chemin vers une propriété qui sera non seulement une demeure, mais un symbole tangible de vos rêves et de votre avenir. Faites de cette aventure une construction solide, un héritage à transmettre avec fierté.

RESSOURCES & OUTILS

Les tendances et influences

(*Les agences immobilières*) (*Comprendre le marché*) (*Négociations*)

(*Gestion immobilière*) (*Les risques & précautions*) (**Ressources & outils**)

Dans cet univers en constante évolution, l'accès à des informations pertinentes et à des conseils pratiques peut faire la différence entre une transaction bien réussie et des embûches inattendues. Que vous soyez à la recherche de conseils financiers, d'outils de recherche de propriétés, ou d'applications pour suivre votre processus d'achat, ces ressources ont été soigneusement sélectionnées pour faciliter votre parcours vers la propriété tant convoitée.

Internet offre une panoplie d'outils et de ressources qui peuvent grandement faciliter et enrichir votre expérience d'achat immobilier.

Utilisez-le judicieusement pour vous informer, planifier, et prendre des décisions éclairées tout au long de ce processus.

*Reddit, et en particulier le subreddit r/RealEstate, peut être un excellent outil lors de votre premier achat immobilier pour plusieurs raisons :

Applications mobiles
Mortgage Calculator (iOS/Android) Estime les paiements hypothécaires mensuels.

Outils de recherche de quartier
NeighborhoodScout Fournit des informations détaillées sur les quartiers, y compris les statistiques criminelles et les écoles.
Walk Score Évalue la convivialité piétonne d'une zone en fonction de la proximité des services.

Outils de financement
Mortgage Qualification Calculator Disponible sur de nombreux sites financiers, cet outil aide à estimer combien vous pouvez vous permettre d'emprunter.
Credit Karma: Permet de surveiller votre cote de crédit gratuitement.

Plateformes de communauté en ligne
BiggerPockets Communauté en ligne pour les investisseurs immobiliers avec des forums, des articles et des ressources.
Reddit r/RealEstate* Un forum actif où vous pouvez poser des questions et obtenir des conseils d'autres acheteurs immobiliers.

Outils de gestion immobilière
Cozy Offre des fonctionnalités telles que la collecte en ligne des loyers et la gestion des contrats de location.
Landlordy (iOS) Une application pour la gestion des biens immobiliers.

1. Communauté engagée
Une communauté en ligne où les membres partagent activement leurs expériences, conseils et connaissances sur le marché immobilier. Vous pouvez profiter de l'expertise collective de personnes ayant déjà traversé le processus.

2. Conseils Personnalisés

3. Diversité des Perspectives
 r/RealEstate accueille une communauté diversifiée, y compris des agents immobiliers, des investisseurs, des acheteurs et des vendeurs.

4. Actualités et Tendances du Marché
Les membres partagent souvent des actualités, des tendances du marché et des analyses. Vous pouvez rester informé des développements récents !

Cependant, gardez à l'esprit que les conseils sur Reddit proviennent d'individus et ne remplacent pas les conseils professionnels. Utilisez ces informations comme un complément à votre recherche.

Comparaison de taux hypothécaires*
Bankrate Compare les taux hypothécaires de différentes banques et prêteurs.
LendingTree Facilite la comparaison des offres de prêts hypothécaires.

Outils pour l'analyse du marché immobilier
Redfin Propose des rapports de marché et des données d'analyse.
Realtor.com Local Market Trends Fournit des données de marché local.

Outils d'évaluation immobilière
HomeSnap Permet de prendre des photos d'une propriété pour obtenir des informations .
HouseCanary Evaluations immobilières basées sur l'analyse des données.

Guides d'achat immobilier
Le Guide de l'Acheteur Immobilier de la Consumer Financial Protection Bureau (CFPB) Disponible sur le site web du CFPB, offre des conseils utiles pour les acheteurs immobiliers.

N'oubliez pas de consulter également les ressources locales, telles que les associations immobilières régionales, les offices de tourisme, et les agences gouvernementales pour des informations spécifiques à votre région. Ces outils et ressources devraient vous fournir une base solide pour vous guider tout au long de votre parcours d'achat immobilier.

TO DO LIST

Mes objectifs

- [x] *Consulter une communauté en ligne*
- [ ]
- [ ]
- [ ]
- [ ]
- [ ]
- [ ]
- [ ]
- [ ]
- [ ]
- [ ]
- [ ]
- [ ]
- [ ]
- [ ]
- [ ]

RESSOURCES & OUTILS

fiche récapitulative

L'utilisation d'Internet offre une pléthore d'outils et de ressources pour améliorer votre achat immobilier. En exploitant judicieusement ces ressources, vous pouvez vous informer, planifier et prendre des décisions éclairées tout au long du processus.

Consultez les ressources locales, telles que les associations immobilières régionales, les offices de tourisme, et les agences gouvernementales pour des informations spécifiques à votre région

---

Un taux hypothécaire, est le pourcentage d'intérêt que vous payez sur votre prêt immobilier. Il s'agit du coût du crédit, exprimé en pourcentage, que vous versez à la banque ou au prêteur en plus du montant initial emprunté pour acheter une propriété. Il aura un impact direct sur le coût total de votre emprunt.

En conclusion

Les ressources disponibles en ligne, dans les associations ou les applications, sont des éléments essentiels pour la concrétisation de votre projet immobilier. Elles ne sont pas simplement des aides, mais des piliers solides dans la construction de celui-ci.

Cependant, il est important de souligner que cette boîte à outils ne peut être utilisée comme une alternative à l'expertise et l'accompagnement professionnels. Elle est plutôt un compagnon autonome, capable de fournir des informations cruciales, des conseils pratiques et de nouvelles perspectives pour vous aider à avancer.

Nos meilleurs vœux

pour la construction de votre projet

REMERCIEMENTS

Une passion plus qu'un métier

Votre premier achat immobilier n'est pas simplement une transaction financière, c'est un chapitre fondateur de votre vie. À mesure que vous avez exploré les mécanismes complexes de la recherche, de la négociation, et de l'acquisition, nous espérons que ce guide a été votre compagnon attentif, vous guidant avec sagesse et éclairant les zones d'ombre.

Souvenez-vous, l'immobilier est un domaine en constante évolution, un marché vibrant de possibilités. Les risques et les récompenses y sont intrinsèquement entrelacés, mais c'est dans la gestion avisée de ces aspects que réside la clé du succès. L'éducation continue, la recherche approfondie, et la prudence financière sont des phares qui éclaireront votre chemin.

Alors que vous franchissez cette ligne d'arrivée symbolique, portant les clés de votre nouveau chez-vous, nous vous félicitons pour cette étape majeure. N'hésitez pas à nous contacter pour plus de renseignement ou pour nous confier votre recherche !

01 88 61 22 77
contact@sellers-immobilier.com
66 rue du château, 92100, Boulogne-Billancourt
Ouvert du lundi au vendredi de 9h30 à 19h30

NOTES PERSONNNELLES

 Date ....

Printed in France by Amazon
Brétigny-sur-Orge, FR

19456478R00047